羅門著

文學叢刊

全人類都在流浪

文史哲出版社印行

前言

當後現代文藝創作，仍在階段性的「存在與變化」的浮動面中前進，這本詩集，並沒有直面衝進它起伏的浪潮中，而是沿著它的邊緣，向前流動。所以對「後現代詩」語言與詩思採取較異常的解構、撕裂、戲弄與顛覆性等取向，並不予以涉及與強求；而是在全面開放的自由創作空間中，自由的採取也有其可為可行的創作設想與作為，來經營也有其適當與合理表現的創作面與境域。

我相信所有的詩與藝術創作，是無法排除在語言與媒體符號背後，所要表現的意圖、精神思想與生命的訊息……。那麼這本詩集，我大致上是建構在下面兩個較明顯的面相與題旨中。

一是我受邀在近二年來，為台灣一本巨型文化刊物《新觀念》每月撰寫的專欄詩作，都大多落實在文化與現實生活層面所引發有關於人性、人道與人文以及不幸新聞事件……等的實際生存空間，透過詩予以確切的審視、探索與關懷，並呈現詩在藝術層面上所兼備的主體思想價值，以保持詩言情言志也含有廣義載道精神的言談空間。

二是詩集中有一部份同質性以及帶有藝文歷史性回憶與紀念的贈詩，贈給部份曾對台灣現代詩與現代藝術確付出卓越傑出的創作智慧而有成就的創作者，這是基於台灣的現代詩人與現代藝術家是共同在漫長的歲月中努力過來的；因而用潛藏在所有不同創作形態中的「詩」的神秘力量，來把他們在「詩」中凸現出來，成為一個個帶有記憶性的「詩」的藝術的塑像，看來具有意義；尤其是對我在詩的創作之外，付出不少時間與精力，從事視覺藝術的評論，這些詩作，也可說是一項創作的特別收穫。

此外是一些對生命存在繼續追索與沈思默想、乃至帶有批判性的詩作，其採取的藝術技巧，大多仍是以具象、抽象、超現實、象徵、投射、極簡與拼湊等手法，視情形交互運用，並堅持有個人風格。

最後，我照樣要感謝始終在生活上給我關切的女詩人蓉子，在創作上給我批評與激勵的文友讀者，當然也對文史哲出版社彭正雄先生在出版事業面臨困境，仍一直基於四十年的私誼與我畢生為詩與藝術所做的努力與表現，繼續出版我的著作，這份盛情，深表感激。

二〇〇一年十二月廿日

全人類都在流浪 目次

——羅門詩集

2

3

1

詩是神與愛因斯坦手中提的
探照燈，在往奇蹟與聖地的路上

羅門

全人類都在流浪

人在火車裡走
火車在地球裡走
地球在太空裡走
太空在茫茫裡走
誰都下不了車
印在名片上的地址
全是錯的

童年歲月的流向

一個鄉下小孩
站在田埂路上
雙目裝著藍空碧野
　　　看鳥飛
　　　雲遊

路從田埂路石板路紅磚路
　　水泥路柏油馬路
　　走進電視網路

一個都市小孩
在光電閃亮的網路上
追著電動玩具「舒跑」

一路「酷」
一路「爽」

旅美途中

打開機窗
太陽一大早亮燈開業
就是什麼也不賣
從雲山雲海來的　是迢遙
空著手回去的　是茫茫

空成這種樣子
除了原始　問誰呢
問到沒有思想也是思想時
整個天空終止成一個句點
世界無內也無外
進不來也出不去
機窗關上

滿艙睡著的頭
忽然都變成大大小小的CAN
機輪落地前
最先在空中接機的
總是高高站在建築中的
商業大樓

一九九七年

附註：四月與六月間，兩度赴美出席華盛頓郵報基金會舉辦的國際文學會議，在太平洋高空經過換日線，機內是夜，機外是晝；世界是睡是醒，是有是無，而世紀末與後現代有形無形的指標，都已直指著「買賣」的世界。（詩中的CAN字，是罐頭。）

詩的假期

——巴里島之旅

海與天藍在一起
被天地線分開後
　又藍到藍裡去
浪花與沙灘白在一起
被海岸線分開後
　又白到白裡去
除了白
　是藍
沿著天地線
靜　在遠中看
遠　在靜裡望

除了靜
　是遠

沿著海岸線
一排排浪峰在海上叫
一排排乳峰在岸上應
除了波動
　是起伏

世界自由的來
　自在的去
只留下最純的一條直線在走
　最美的一條曲線在動
除了風和日麗　波光浪影
是人與自然一起在悠遊度假

附註：最近同蓉子往巴里島旅遊，有一天整個下午躺在海灘的臥椅上，看海景、看來自各國的遊客；景象確較夏威夷靠近都市的ＹＫＫ海灘，更自然更美，應是我看過所有海灘最美的一個海灘景點；心中也特別有些感想：人活著，有時確像海浪沖激岩壁那樣的急迫，有時應該也像飄遊的雲那樣舒放。的確，人大半生忙著在辦公室用印章蓋公文與支票，不要忘了也用腳印蓋在世界美麗的風景上。

夏

夏　推著太陽的大石磨
　將天空海洋與原野
　　磨成一個燃燒的火球
　　　在大自然裡
　　　　滾來滾去

除非午後下陣雨
它不會冷靜的停下來

其實　夏雖也是一隻
　到處放火的火鳥
但它收下翅膀
躲在林中飲綠蔭

藏在山中喝冷泉
傍著涼亭柳色荷香
　午寐入綺麗
連自己也夢成大自然冷藏室裡
　　那塊潔美的冰
　　　在涼風與水聲中
　　　　飄　流　而　去

「人」的環保出了些問題

從超級市場出來
每件物品都有藝術的穿著
而人自己
眼睛穿的　是滿街亂象
耳朵穿的　是一路擾嚷叫囂
鼻子穿的　是一鼻子灰
身體穿的　是被都市弄髒的
　　　　自然風景
此刻人自己即使穿西裝打領帶
　　　坐在BENZ車內
心仍必須披上紅燈與剎車來回製造的
　　　　　壓抑焦急與不快

以電影鏡頭寫〈寂〉這首詩

首先將鏡頭對準炎夏正午日正當中的天空，並停在那裡幾秒鐘不動，直至天空與世界完全進入沉寂的午睡狀態……

之後將鏡頭沿著無聲無影的「空闊」慢慢移動過去，並停留在山頂寺廟那一直刺痛「寧靜」的塔尖上，守望著無邊無際的「空茫」與寂靜……

之後，將鏡頭移動到廟裡來，沿著靜默無言的廊柱、空靜的殿堂、滑過打坐和尚他空得較天空還空的光頭，沒有任何聲息；讓敲進「空茫」的木魚聲，將「鏡頭」帶到山谷底，去照泉水滴進荒涼的聲音、樹影睡進「深沉」的聲音、林鳥叫空整座山的聲音……

之後，將鏡頭沿著那直頂住天空的塔尖照出去，並緩緩移動、把遠方那朵白雲，終於開放成那朵在「美」中發出巨響的孤「寂」。

後記：三十年前（一九七一年）我在〈藍星〉年刊，提出以電影鏡頭寫詩（就廣義的「圖象詩」），那是意圖將平面書寫的靜態「圖象詩」，進一步變成立體掃瞄的動態「圖象詩」，必要時尚可加上音響，達到視覺與聽覺雙重的藝術美感效果。它有可能嗎？在基本理念上，應是可以的，因當時台北電影院放映的「七又二分之一」，整部電影可說是以「詩」的鏡頭拍攝的，我們是否可反過來思考，也以電影鏡頭來寫詩？記得當時我腦海中曾浮現過如何以電影鏡頭來寫這首命題爲〈寂〉的詩。

對號入座

一

他在山頂　釣寒江雪
他在山腰　釣寒江魚
他在山腳　一魚三吃

二

真珠　將豪華宴會的鑽石燈點亮
假珠　沿著鬧市叫賣的地攤亮相

三

玻璃瓶　在一聲爽中　碎成滿地閃爍
星空　燦爛在高不可及的光芒裡

噴水池　亮麗到一定位置便下來
煙火　在搶眼的光速中死去

四

他的腳印　蓋在全世界的風景裡
他的腳印　只蓋一小部份的風景
他的腳印　只蓋那更小部份的風景

五

他在天空裡　看鳥
他在鳥店裡　找鳥
他在鳥籠裡　抓鳥

六

他把地球　看成畫布
他把地球　看成地圖
他把地球　看成地皮

七

他是沒有圓周的圓
他只是圓裡的面
他只是面裡的點

附記：眞正的詩人與藝術家，可拿到「上帝」的通行證與信用卡；可將人類帶進大自然的生命結構，重新溫習風與鳥的自由；詩與藝術若失去超越中的形而上精神，就會受到框限而不能進入N度更廣闊且無限的活動空間去作業。

2

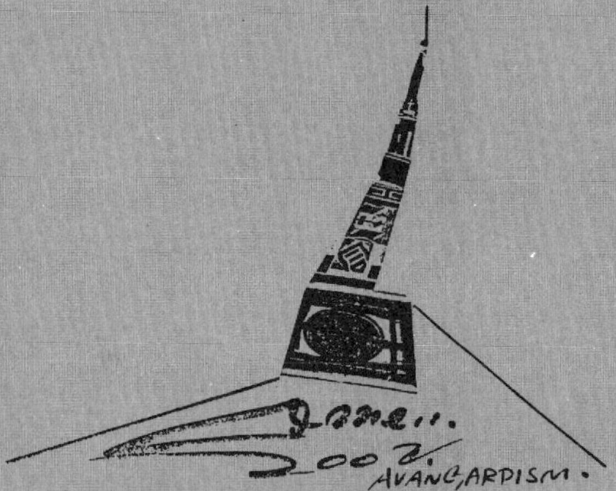

詩與藝術不能沒有思想的深度；
那是因溪流河流不停的向前流，
都是為了要看到海的深度。

羅門

隕石

——給詩

在地球未打樁
　也沒有地圖之前
它帶著宇宙
　從茫茫中降落

石面下　坐著山的深度
石面上　坐著天的高度
石周圍坐著地的廣度

看是遠方
聽是回響
摸它成水流

擊它為火光
冷它入冰心
握它進建築的力點
　架構起無邊的透明
望著滿天的繽紛燦爛
　　墮落在凋謝中
獨留下它堅韌的這一朵
開放出大過地球與時空的
　　一座MINIMAL

附記：詩是一種「前進中的永恆」的存在。MINIMAL在藝術創作理念中，是「極限」與「極小」之意，但對「美」的世界，有極大與無限的發言權，故它小卻又大過可見的地球與超過茫茫的時空。

颱風眼

——給詩人L·大衛

空出來　給萬有
靜下來　給萬動

你盯住天地的心
看狂風暴雨帶著世界
　四面八方呼嘯而來
你是無聲的回音谷
來自高山絕嶺的
「尼采」會帶它回孤寂的峰頂
來自翻天覆地的
「海」會用天地線牽住它不動
　　　　　回到有無中

究竟是空　是有
　　是靜　是動
你　一目了然

千山萬水你獨行

——給詩人L·大衛

為何千山萬水你獨行
是因天　空出來
　　地　遠出去
只留下千山萬水
除非你帶著千山萬水一起走
　　走到雲深不知處一起停下來
　　　　　　在不走中仍在走
　　走成另一條停不下來的河
　　　　另一座停下來仍在走的山
為何你回首
　是因擦過車窗的風景太快

一次又一次揮別車站的手勢
仍舉起開跑的槍
過去　緊追在後
未來　猛跑在前
你是停不下來的路
前後都在走的現在
雙腳踩著過去與未來
雙手提著世界與永恆

回到原本　再回來

——給詩人L·大衛

你隨天空闊過去
帶遙遠入寧靜

你遼闊的胸部
放在太陽的石磨下
磨出光的回聲
花的香味
果的甜味

鳥帶著天空　飛出水平線
你帶著煙雲　回到原本
再回來

太陽·背上光的十字架

——給詩人L·大衛

你的光臨
是來看目與窗的透明
點亮大海與曠野的遼闊
看水流花放
鳥飛雲遊
無　邊　無　際

背上光的十字架
架好時空的座標

你一路在光裡走
是誰以鷹鷲之翼造成日蝕
　以蝙蝠之翅　編製黑夜
而你即使因此瞎成荷馬
　仍聽見那密集的血釘
　　在你身上磨出的聖樂
仍奉著韓德爾的彌撒亞
　　成為禮拜日的鐘聲
　　　流響在光波中
　　　　　　　　永
　　　　　　　　永
　　　　　　　　遠
　　　　　　　　遠

附語：孔子認爲詩是天地之心，等於是說詩是正義與眞理，那麼做爲詩人就該爲「眞理」活著，萬不能背離眞理，而成爲價値不分，是非不明，沒有公平正義、勢利、鄉愿與拉皮條的社會之徒。詩成爲「眞理」時，詩人便得背上光的十字架，走向前進中的永恆。

你是停不來的「前進中的永恆」

——給詩人L．大衛

過去是故鄉
未來是異鄉
　在路的兩頭
一個給回憶住下來
一個不停的流浪

從古代
　現代
　　到後現代後的
　　　　　　新　的　現

代
還會有多少個現代
而最後只留下一個轉運站
有人忙下車　被過去帶走
有人等上車　被未來接去
你是這班車上唯一的查票員
查上帝發給旅客的通行證
看詩與藝術將車開往
　停不下的「前進中的永恆」

美回原來

——給國際藝術大師米羅

米羅　是你帶著萬物
回到純純樸樸
自自由由
原原本本

沒有你
空間從那裏去看起點
時間到那裏去聽回音
生命如何認出自己來

你的線條
將世界放得好高
好遠

一路看不見紅綠燈
槍彈砲彈也追不上來
再過去
是無限
再過去
是永遠

你的色彩
紅透了太陽
綠透了原野
藍透了天空
都是從自己那裏
　　　　美出來
美入大自然的臉
美入日月的眼睛
最後　都美回原來

你的造型
造起一個個開心果園
　一個個玩具國
一個個說童話的夢境
只同生命定合同
與原始簽約
最後　統統交給永恆

附註：「米羅」大展，吸引千萬的觀衆，盛況空前。本人因應市立美術館邀請，做一場有關米羅的專題演講，便深入探索他創作的內涵世界，不但發現他藝術上的偉大成就，而且他的思想與心境，也較尼采感人：因爲他已超越的尼采的悲劇精神。

現代藝術的啓航者

——悼前輩大藝術家李仲生先生

你曾指引「五月」與「東方」
　把故宮的兩扇門推開
　將古老的山水放出來
　　穿上陽光的新衣

　你曾帶著他們
　　走出眼睛
　流動在河之外　看河
　波動在海之外　看海
　飛在鳥之外　看鳥
　飄在雲之外　看雲
　遼闊在天空之外　看世界

你曾提醒他們
來回copy自然的外形
畫布會暗成牢房
　　僵死成停屍間

你曾教他們
用一滴藍
　　佔住海與天空
用一滴綠
　　帶走山與原野
用一滴紅
　　走遍春天去看花
用一滴白
　　把世界全空掉
用一滴黑
　　叫萬物都睡去

該說的　你都說了
該做的　你都做了
最後你累倒成一顆　落日
平平靜靜的
把光移交給
明天爬昇的太陽

附註：中國現代繪畫，在拓展豐盈與滿足這一代中國人視覺的美感生活，所呈現的功能，是可見的，這份成果，李仲生前輩，顯然是被公認的「種樹人」，他的確是中國現代藝術一位可親可敬的啓航者與護航者；他對藝術的意念、狂熱、執著，以及對年輕畫家的愛護與提攜，尤其是他終生做爲一個嚴肅藝術家的修行與風範，是藝壇朋友所樂道與尊崇的，詩中的「五月」是五月畫會；「東方」是東方畫會。

無所不在的海

——給林壽宇大師所領導的超度空間工作群

海的空間
解構成無數的浪的空間
一波波永不止境的
　存在與變化
直至世界空靜下來
走出東西南北
一個無邊無際的白色空間
便再度舒放出另一個
　無所不在的海
此刻　眼球上
　出現另一個哥倫布
　　載著空間中的

空間中的
所有空間
在前進的永恆中
航行

附註：知名大藝術家林壽宇影響下的超度空間藝術工作群，在人類眼球上對視覺空間進行探險，具有哥倫布探險新大陸的精神。他們都大多獲台北市美術館的大獎，我曾爲他們的「異度」與「超度」兩次空間展寫展出畫冊序言。

大自然的建築師

——給大畫家莊喆

一

每一滴墨　都是鳥聲與泉音
　　可驚動整座山
每一塊墨　均被空間坐成久遠的土地
每一根線條　均被時間踩成千蹤萬徑
每一個形象　均是映顯在強烈陽光中
　　不朽的生命造型

二

山在雲裡走　越走越深
水與天同來　越來越遠

高處茫　低處幽
鳥飛不見翅
林茂不見林
石變不見形
河在不流中也流
雲在不飄裡也飄
眼睛要是再看下去
山與雲一體
水與天一色
大地只留下那片絢麗的蒼然
天空只留下那朵幽美的渾然
眼睛要是再看下去
　見不到永恆
　　便不回來

以色面造型建構人類美的視覺聖地

——給「東方的結構主義」大畫家霍剛

你的點
　點進人的心
　自然的心
　宇宙的心
　時空的心

你的直線
　是地球的經緯線
　是同永恆拔河的天地線
　是道可道非常道之道
　是直通始終之路

你的斜線
　斜成歲月的滑梯
　　給天空上下
　　　日月昇降
　　　　生命起落

你的曲線
　沿著天空山峰河流海浪流動
　順著美女的乳房腰部臀部滑動
　跟著風雲鳥飄動
　帶著旋律節奏與音韻響動

你的面
　是彩色世界的臉
　　色彩王國的聖地
　除了亮麗明麗華麗與富麗
　　更美的是輝煌

你的三角形
　　聳立成千山中之山
　　　　金字塔中的金字塔
看來是天地人分不開的三角戀愛
　　最高的一次登峰造極
　　高在眾目之外

炫耀在眾目之外

你的方形
　方來時間的廣場
　　空間的四合院
　　生命的四方城
　　世界的進出口
　　建構在眾目之外

你的長方形

是床　讓萬物在睡
是跑道　叫世界起飛
是名片　亮出有
是棺材　暗入無
　有無在眾目之外

你的圓形
　同星球月球地球眼球
　　圓在一起時
　便圓成一個個轉動乾坤的渾圓
　一朵朵開放出永恆的禪
　　靜觀在眾目之外

你層出無窮的造形
　一個個被新的神話與童話
　　説出詩的想像之外
　　説進原來的單純

便交給美一直說下去
說給古今中外聽
說給永恆聽

附註：霍剛此次以「東方的結構主義」爲題，在帝門畫廊展出的系列作品；他是將內在情緒感覺自由任放與流動的抽象世界，進一步推入以高度冷靜的「理性」與「悟知」所凝聚與建構成的具有建築造型的幾何抽象世界，在靜觀中，溢流著靈思慧質，悟生與妙覺的視感；更值得特別重視與讚揚的，是他在高見度的視覺藝術造型世界中，非常機智與高明的將東方悟知的「非絕對性」思維與大師蒙特里安(Mondrain P.)偏向西方理知的「絕對性」思維，溶和成他「東方結構主義」構想中更爲奇觀的新的「絕對性」的思想造型世界。在這世界中，他透過一己的原創力與獨創性所創造的那許許多多至爲原本單純與絕對的造型，已展現出「造型」千變萬化奇特非凡的新的視野，新的花果園，新的秀場，新的博覽會，給觀衆尤其給從事雕塑與造型藝術者以具影響力與啓發性的觀賞。

玩○與一的遊戲

——給絕對主義抽象大畫家秦松

所有的直線
都直入終極
若傾斜　便架起世界上下走動
　　　　的絕對坡度
要是彎曲　便彎向圓
　　　　同日月地球圓在一起
　　　　圓到圓融圓通裡去

此刻　蒙特里安的方形空間
　　也只是一扇窗裡的窗
在看你用直線衝出內外的交叉阻力
　　用圓滾著燃燒的色彩與線條

滾過馬蒂斯響亮的視境
即使藍天碧海青山綠水全不見了
自然的本色仍在

風雲鳥都不見了
天空與曠野仍在飛
萬籟俱寂
四處是無聲的交響
繁複已MINIMAL為純一
回到○

空間全空出來
時間回到原點
一 直成陽具
○ 圓成陰部
世界便從始到終
在玩○與一 的遊戲

輕快與明麗

——給抽象大畫家陳正雄

春天　用他的線條
牽著鳥
牽著流泉
牽著波光漣漪
牽著藍天碧野

他的色彩被春天
用來染山
染水
染樹
染花

春天用明麗換他的色彩
他用線條換春天的輕快

他畫筆下永遠在飛的鳥

——給抽象大畫家丁雄泉

飛出鳥籠鳥店
帶著藍天碧海
　青山綠野
將天空飛成無限自由的
　　大鳥園

春夏秋冬全是浪漫的季節
　所有的色彩線條都浪漫
　　都在畫鳥的行程
　　　歲月的流向

至於飛過的山峰與乳峰

河流與身腰
翡翠谷與水晶宮
是不是美在相同的造型裡
那是屬於聯想的事
鳥　只管飛
自由的飛
不飛便不是鳥
飛回原本的自然
飛進造物精心設計的一個個
較皇宮還輝煌的鳥巢
較天堂還富麗的鳥窩
而且完美又永恆

附註：鳥的名字是自由；藝術家幫助人類回到大自然的生命結構，重溫鳥的自由。大師米羅將生命與世界塑造成「鳥」的造型；獲諾貝爾獎的高行健將「鳥」畫在他畫中的十字架上，大畫家丁雄泉將自己一生畫成自由浪漫永遠在飛的「鳥」，的確，沒有「鳥」，生命的空間便沒有意義。

去看原來

——看大雕塑家陳庭詩雕刻作品「人生」有感

讓林木的田園與鋼鐵的都市
　　緊緊的抱在一起
你提昇植物生命中的木質
　　礦物生命中的鐵質
溶入動物生命中的人質
　　塑造這座人的建築

在無邊無際中
一個絕美的孤立
望入空茫
聽來寂靜
方圓在設計範圍

線在製作網路
看世界如何進來
　如何去往
要想看的究竟
最好問站在雕塑裡的陳庭詩
在答與不答之間
世界已回到花剛開的位置
　　　鳥剛飛的位置
　　河流剛流動的位置
去　看　原　來

飄逸中的凝重

——贈給作家施約翰

人在江湖
你身由己
豪情奔放時　便去成江
　　　　　江水全是酒
緘默寡言時　便凝坐為湖
　　　要說　讓江去說
　　　　　　讓酒去說

跑遍大江南北
揮盡山色湖光
將天地線當腰帶
你帶著天與地

人與酒在走

走來當初
走回原本

自自在在
心隨意去
飄逸的是酒氣
凝重的是義氣
世界再歪
你人直在那裡
歲月看見　我看見

附註：施約翰是我結交近三十年的朋友，他一生不帶「名片」，只帶「真人、真情與酒」。他是性情中人，有是非感，有義氣。故以此詩贈。

3

真正的詩人是用生命与智慧而非用學問与知識寫詩；因為詩是活的生命体，不是僵冷的思想標本。

羅門

921號悲愴奏鳴曲

台灣大地震，帶來沈痛無比的災難，使台灣乃至全世界住在地球村的人類，都感到無比的震驚與哀痛。當我們從人道的關懷，從流血的傷口，堅強的站起來，同時也接受到存在於浩瀚宇宙中一次最強烈與嚴酷的衝擊，而難免有所反思，靜下來對自己的生命觀、世界觀與宇宙觀有新的體認，並覺識人本身潛藏有可見的卑微性、宿命性與局限性。

造物
你安頓我們在這美麗的島上
你的仁慈　我們的感恩
平行成歲月的雙軌
在田園　被太陽汗水刻在
　　額上的艱苦紋路
已被都市文明美成通往地球村
　　多彩多姿的順暢網路

給進步與繁榮在走

造物
究竟為什麼
在你來不及預防的震怒裡
山崩地裂
死亡來不及追認死亡
血水淚水雨水
直往陰暗的墳地灌溉
田園躺在廢墟上喘息
都市斷電瞎著眼睛在看
除了呼救聲　是哭聲
除了祈求　是跪拜
呼天不應　神明不明
我們含淚逃出流血的傷口
　堅強的站給生命看
世界各地帶著同情趕來

在死亡最陰冷的黑地上
點亮一線溫暖的火光
讀著人類的關懷與愛

造物
究竟為什麼
你180度反轉
將仁慈震破成殘暴
在上帝都不知道你要震怒的那一刻
世界驚慌的躲在桌下
時間與空間都縮回去
我們在什麼都摸不著的空茫裡
順從你的凌駕　顫抖在搖擺的生死線上
從劫後餘生回到痛苦裡
我們深悟人不能勝天的軟弱
也無法過問你的對錯

我們是你造的
　是你的作品
如何阻止雕塑家
　從不弄壞自己的雕塑
沿著舊金山唐山經過土耳其到阿里山
你一路震怒過來
銅像博物館銀行金庫
　墜如山頂的落石
世界空望成和尚的光頭
原子能變得無能
警犬挖土機與救護車
　只求找到最後的一些聲息
聯合國紅十字會也只能替你
　　在事後佈施一些仁慈
造物
在你用我們的血淚與骨肉

來燃燒你的怒火過後
在我們痛苦過後的痛苦過後
我們仍活在你賜給我們身體與土地的地球上
仍活在冬去春來　日落日出的時序中
忘不了你將我們設計在
大自然的生命結構裡
我們走　地相跟
我們飛　天相隨
我們高興來花開鳥鳴
愁苦來陰雲苦雨
相思來黃葉落
孤獨來天邊的孤雲
渺茫來遙望的天地線
希望來明天的日出
我們的確是活在你仁慈的右手
與殘暴的左手中
任由你擺布與指使

我們的聽與看都來自你的耳目
　　行與動都離不開你的手腳
　生與死都在你的身體裡
你一秒鐘震破的世界
我們要連年連月來勞役苦修

造物
若你是仁慈的父
怎能打翻孩童正玩得開心的拼圖
怎能連頭上一根髮地上一根草
　　都要被你的斷層切斷
在承受你毀滅性的震怒過後
土地與我們都痛苦得夠累了
死亡仍籠罩著去不掉的陰冷
餘震與餘驚仍在鐘錶裡滴答
歲月在夜裡還是睡的不好

造物
求你施放出你的大愛
使斷層埋住的一條條引爆線
都在睡夢中安靜成
　地下溫暖的電流
好讓療傷的土地與我們
在死亡走過的冷冽的夜裡
逐漸恢復體溫
去追趕明天的太陽
重新耕種我們青山綠水的田園
　我們五顏六色的都市
　我們安定舒適的生活
　我們用詩用歌來看來聽
　　來讚美的未來

台南！抓住內外亮麗的風景點

一

第一個被南方
　叫得最響亮的名字
　　是與南字有關的台南
第一個抱住美麗多情的南方
　也是與南字有關的台南

二

台南　站在安平古堡上
　看天一路藍下來
　　海一路藍過去
　　　地一路綠過來

平原將山移開
讓田野去豐收
遼闊給雲去悠閒
安平港便平平安安出海
平平安安回來

台南　坐在赤崁樓上
看歷史文化上樓下樓
聽時間走近走遠
鄭成功一去不返
將成功兩字擲下滿樓迴響
一朵白雲浮著整座樓遠去
微風中隱約傳來孔廟
禮拜的鐘鼓聲
台南　回到億載金城
從殘舊的炮口

看歲月苦難過的
傷口與出口

台南　坐在度小月的矮板凳上
用胃口回味田園高貴甜美的
儉樸與勤勞

台南　步上高樓大廈
從窗口看繁華的都市文明
一步一步走上來

台南　登上文學館
在心口看文質彬彬的台灣
帶著文化的過去與現在
走向歷史光輝的未來
永永遠遠

附註：國立台灣文學館暨國立文化資產保存研究中心於二〇〇〇年歲首，舉辦我與蓉子在「燈屋」創作近半世紀的成果（作品資料千餘件），以「詩光、藝光、燈光三重奏」爲主題在台南展出，茲以府城台南爲背景賦詩一首。

我們來自大自然

我們來自大自然
已不自然
將大自然關在盆景裡
從鋁窗看都市的叢林
街道的河流
鬧市的人山人海
當天空與曠野在鳥翅上比闊
我們在紅綠燈裡擠來擠去
當湖水河水與海水
在同天空比藍
我們的排水溝不停把污水
污出去
當白雲在山頂浮成一朵朵

　美麗的形而上
我們林立的煙囪
卻排成一座座黑森林

我們來自大自然
　越來越不自然
當開在綠野的鮮花
　在機房裡變成塑膠花
　在網路上只留下影子
我們便忙著打開電門
　飄浮入那個沒有體重的
　　虛像世界中
隔著一層玻璃見面說話
大自然左看右看
還是自自然然
　沿著鳥道雲路
　　抓住石紋上山

抓住水紋進海
抓住樹根入地
回到根本原來

「人」生存空間的驚爆線

美麗的地球
風雲鳥　飛來它的自由與廣闊
大自然　美來它原來的美麗

當人在地球上打下第一根樁
長出大大小小的地圖
地圖的邊線多是刀鋒劃的
　劃開你我來
也劃出一條條血路
叫一群一群的人　在彈道裡走

看來地球是圓的
　眼球是圓的

銀圓也是圓的
最後都圓到銀圓裡去
就是看不見心中升起的渾圓
日月便只好滾著銀圓來
一路傳說「人為財死」
是人不成文的聖經
沿著財路　只有利益在跑
一路領先
一路叫好
一路阿門
從跨國的海陸空航路到
都市的大街小巷到
公寓的樓梯電梯到
SWEET HOME到
最平安的家
上帝竟親眼看到
兒子用刀插進父親體內

去劃出那條
血淋淋的財路

附註：在「金錢」與利益掛帥的年代，近些日子，媒體曾報導爲錢財殺親人，甚至父子互殺的驚聞，眞是使人性、人道、人倫與生命的價值，受到重大的破壞、甚至淪喪；也使我們往深一層思考與聯想到人世界從「集體」的人到「個體」的人，都好像宿命性的受困在利益與「銀圓」的圓圈中，不停的爭奪，走不出來，而遠離了心在人文美感中向形而上昇華的「渾圓」世界，因而導致人類的生存空間潛藏著一條不安且可慮的驚爆線，有待藝術昇越中的「美」來解救。

藝術幫助人類走出封閉的物體世界

當高樓大廈圍攏成街口
　　把天空吃掉
都市困在物架空間裡
　　終日坐在廣告堆上
看是物
碰也是物
物來物去
人也成了追著物在跑的動物
奔走在建築物的叢林
　　百貨公司開花的原野
　　鬧市的人山人海
即使當初在荒野睡覺與飲食的地方
已搬到希爾頓豪華的餐廳與套房

菜單天天改
床單夜夜換
人仍只是走動在身體裡的
　　　　　　文明動物

走不出身體時
人成了封閉的體積
不是透明的建築
世界便開始啞盲
　　看不出去
　　聽不進來

除非　交響樂穿越
　　菜市場的雞鴨聲
　　機械的尖叫聲
　　爭吵的喧鬧聲
　　炮彈的爆炸聲
　　　響亮的美出去
除非　舞步跨過千山萬水

帶著天空海洋與原野一起飛
除非　色彩把大自然揮灑在
　　　繽紛燦爛裡
　線條把風雲鳥美麗的行程
　　　　描出來
人與世界的形象
　能美到那裡去
走不出身體
　生命如何走出雞籠
　　　　鳥籠
到天空去認識自由與廣闊
到太空去看遠方竟是那隻
　不停地飛的永恆

世界性的大政治家塑像

他站在磅秤上
先看自己學識能力品德
加在一起的重量
然後看另一個磅秤上
由無數的精英
國家的歷史文化
土地的豐富資源
人民內心的期望
加在一起的重量

相對照下
他便謙卑的低下頭
感到背上有一個十字架

從此他專心看好
　物質與精神兩個大庫房
帶領大家為它的富裕昌隆
　　自由發揮才智
　　公平享用成果
最後　他把最高的價值
　寫入老百姓的户頭
把最大的幸福留給人民
自己在歡呼與讚美中
　　走進歷史
此後　世界無論往東往西走
　歲月無論往前往後看
他像藍天　能藍過所有的地圖
像綠野　能綠在不同的土地
像樹林　取代所有的鐵絲網
像河海　帶著大自然流動
像雲鳥　帶著自由飛

像日月　進出永恆
　　進出地球村
全人類都看見他的來去
　　他的光臨

附註：如果說眞正的政治家是爲人類建構一個自由、民主、公平、合理的生存環境空間——視爲「硬體設備」；則眞正的詩人與藝術家便是爲全世界所有人的內在生命輸送「美」的內容——視爲「軟體設備」；他們都同是具有良知、良能，以及懷有人性、人道、人文、人本精神與高度智慧的專業工作者，在不同的作業領域，來分別造福人類；來建構人存在的美好與理想的世界。

說話的幾何圖象

◎直線

第一眼　它只是一根線
第二眼　它像是天地線
第三眼　它已鳴響成宇宙最後的一根弦
　　　　在茫茫的時空中

◎曲線

它彎彎曲曲
把河流、山、天空、海浪的輪廓
　美女腰部、臂部與乳房的輪廓
以及風雲鳥的行程全都彎進來

◎方形

走動　是棋盤
定靜　是盤石
所謂方方正正直來直往
　大概也就是這個樣子

◎長方形

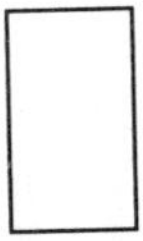

活著　是名片一張
　一路亮相
死後　是棺材一具
　一片陰暗

◎三角形

三角戀愛　三個角都是刀尖
要登峰造極　便不能不仰望
　山峰與金字塔的

頂點

◎圓形

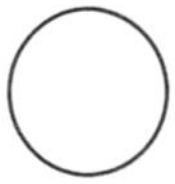

地球、眼球、銀圓都是圓的
最後都圓到銀圓裡去
就是看不見心中的渾圓
世界便直在輪盤裡打滾

◎螺旋形

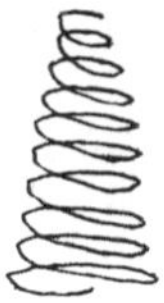

旋上去　到無限超越的頂點
　　　　　可見到尼采
旋下來　到無限的奧秘之底
　　　　可遇到里爾克
它是開在時空中最美的一朵形而上
　也是宇宙萬物上下的螺旋梯

附註：一、尼采是向思想頂峰超越的哲學家。
　　　二、里爾克是富哲思向內心探視的大詩人。

屹立在八掌溪洪流中的悲劇塑像

死亡在洪流中
　為你們逐漸完成
　　那座悲慘的塑像
以天空在風雨中的愁眉苦臉
以急流暴漲中的焦灼不安
加上洪水一路慘叫過來的
　　　　一聲聲死
　　　　　一聲聲生

大家在岸上看
天空沒有飛影
神的手在廟裡
你們的手抓不到岸上的手

便縮回去　抱住絕望與希望
　連成一座最原始的堡壘
孤守在生死緊急的出口
以長年來勞苦工作的堅韌
　與單純的求生意志

連速度都來不及認出自己
嘩啦一聲
整座驚世的雕塑
倒在洪流裡
流入國人哀痛的心
流入洪水淚水哭在一起的歷史

悲劇總是不停的
　在宿命中進行
世界還是照樣在那裡看
至於滑過你們腳下的泥濘

是不是絨絨的地氈
冒在你們嘴邊的黃泥巴水
是不是香吉士
太陽用汗水在你們額上
苦苦刻下的紋路
能不能回到你們
放風箏的童年
同藍天碧野
歡笑在一起
連歲月也不知從那裡說起
天色已晚
說時遲　來時快
快得連過去　都來不及過去
你們已改編好海明威的世界名著
「老人與海」
老人是從海上歸來了
而你們在洪水中回不來

回不回來　　都是悲劇
讓驚嘆與同情
　從頭看到尾
全世界的新聞也在看
你們是什麼也不看了
緊抱住土地的質樸
　田野的勤勞
在原始的大自然中長睡
　睡著人類的苦難
　睡醒歷史的傷痛

斷橋・又是誰在偷電

——高屏斷橋事件

國家是一個動力發電廠
　又是誰在偷電
動力到不了橋墩
洪水過來
斷裂的是橋
　也是國家久痛中的筋骨
　　國人長苦中的思路
思來想去
不是這裡崩
便是那裡塌
橋斷了

「橋流水不流」的名詩絕句
竟被洪水讀成「水在橋上流」
路淹死在水裡
都市的繁榮　過不來
田園的風光　過不去
急的是119
忙的是SOS呼叫器

橋斷了
　追著文明直衝過來的車群
方向盤忽然找不到東南西北
便一輛輛衝入死亡的交流道
　　　　　　　　　　抓住生死線

急的是救護車
忙的是拖吊車
至於是魂斷藍橋

還是橋斷魂驚
只要劇中主角
　停止偷電
它就不會演成一路掉淚的
　　　　　　　連續劇

戰爭與和平的世紀對話

一隻白鴿　展開白雲的翅膀
　　飛來自由和平的藍天
一隻鷹　追著雷電風雨
　　帶來昏天黑地

牧笛是一條河
　　流來青山綠水
　流來乳般的晨光
　　酒般的晚霞
大自然行走在風和日麗裡
槍管與炮管也是一條河
　　流來白色的淚
　　　紅色的血

天空便暗成墳蓋
大地便睡成墳場

起伏中的海
若航行來商船遊輪
歲月便帶著都市與大自然
　東南西北旅遊觀光
若對開來軍艦潛艇
世界便帶著傷口逃亡

神看得見
只要是眼睛
　都看得見
無論炸彈往那裡炸
　火箭往那裡射
都是在同一個地球
無論是你用槍口對準他的胸口

他用刺刀對準你的心臟
你與他都同是人

附註：寫完此詩，忽然想到過去曾以戰爭爲主題所寫的「戰爭詩」詩選——其中特別有一段令我感觸至深的話：「戰爭的確是人類數千年來所面對的一個含有重大悲劇性的存在主題與困境；這悲劇，使上帝也無法來編導與看；而人往往卻自己來編導與站在血淚裡看；戰爭來時，無論是穿軍服、便服、學生裝、嬰兒裝、吐乳裝、乃至神父的聖袍，都逃不出炸彈爆炸的半徑，而當戰爭過去，我們連敵人俘虜也不忍心殺……。」可見「愛與和平」確是人類生存永遠的期望……。

廿一世紀新人類的遠景

將人與世界
從極權專制冷酷的鐵籠裡
全都救出來
交給自由民主
把所有的子彈
都改造成橄欖與桂葉
給美與智慧加冠
讓藝術取代導彈來導航
將人與世界
從機械文明冷漠的鐵籠裡
全都放出來
交給人文人本

於經過菜油燈與日光燈
　　對視成的第一波鄉愁
於面對機器人驅使人離開肉體的故鄉
　　　　在製造的第二波鄉愁
人與世界終歸要返回
　大自然的生命結構
去重讀自己的原來
　重溫風與鳥的自由
重看青山綠水留住春天
　　藍天直藍進寧靜中的和平
此刻　所有的想法、話語與網站網路
　都行走在美的方向中
　　將人與世界直送往
　　　肉體豪華的玻璃大廈
　　　精神華麗的水晶大廈

附註：本詩是讀郭承豐先生他近些日子在《新觀念》寫的文章，其中除帶有宏觀與世界觀思想，並透過藝術與愛對人存在的關懷；有所感寫成的詩作。

廿一號新理想交響樂

廿一世紀
在二〇〇一年第一秒鐘
追著黎明射出的第一道光起跑

大自然搶先跑回原來
鳥飛來廣闊
水流來長遠
雲遊來迢遙
綠色綠遍綠野
藍色藍遍天空海洋
紅色紅遍花樹果林
留田園在豐收的季節
庭園安樂在它的優閒中

最佳的佳音是造物的開鎖聲
人都從專制與機械的鐵籠裡出來
沿著貝多芬的音道走
照著米開朗基羅的視道來
順著杜甫、李白的心道去
在零障礙的天空裡
自由會整個露面
在詩眼中
看網路走來田埂路
　電腦想起人腦
　人的心住進機器的心
世界便把過去與未來
　　自然與都市
　　　寫成新的世界觀
　　　　公布在新世紀的看板上
在造物召開新世紀的賽程中

詩做出精確的設計
　　全新的判定
身體　一路跑來銅牌
頭腦　一路頂來銀牌
心　　一路跳來金牌
於全勝的歡呼聲中
身、腦、心便建構起人的金字塔
政治帶著自由民主進來
科學帶著文明進步進來
歷史帶著過去與記憶進來
宗教帶著神秘與信仰進來
藝術帶著美進來
另一座華麗的天堂
　　便在美中升起
叫世界都往美的方向看

附註：「美」是一切，「美」是歲月的眼睛，一切都必須轉化成爲「美」的存在。廿一世紀將由「美」來一路護航，人類活著，必須在物質打好的肉體基礎上，造起美的精神建築。

廿一世紀的祝望

聖誕卡聖誕樹火雞香檳與燭光
　組合成「快樂」的裝置作品
祝望期望展望與遙望
　建構起「新希望」的雕像
幻想夢想玄想與理想
　飛躍來「新想像」的舞步
接著是鐘聲歡呼聲與滿天煙火
　將廿一世紀響亮來
　「新世界」交響樂

跨過二〇〇一年第一秒
過去　確是驚心的
站在月台上

看那個逐漸消失的揮別手勢
站在離岸的船上
　望著船尾潺潺的逝水
回憶便不能不一路拖著
　　沈重的過去

過去　確是沈重的
地　受不了裂開來
天　受不了暗下去
田園都市受不了　氣喘
人受不了　　　　氣悶

過去　確是沈重的
二〇〇一年零秒到站過後
就不必再帶貧窮與彈藥
讓雙手去提富足與安樂
　雙腳走在光速的網路上

追著繁榮進步跑
雙目望成東西方文化的兩座燈塔
看守人類生存的航道與遠景
心存放在自由和平與愛裡
廿一世紀交給詩去寫
藝術去演出
讓歲月坐在完美與永恆裡看

廿一世紀追蹤人在哪裡

在價值叫賣的年代
在中心沒有心的年代
在靈魂不靈　肉體最靈的年代
在不必連理　床愛連連的年代
人　究竟在哪裡

在上半身下半身分道揚鑣的年代
在形下架空形上的年代
在消化化掉文化的年代
在空靈空往靈空的年代
人　究竟在哪裡

在沒有絕對誰都對的年代

在沒有上帝誰都是上帝的年代
在每秒鐘都急著成永恆的年代
在槍管也搶著接通天堂的年代
人　究竟在哪裡

在銀圓滾著眼球跑的年代
在口袋腦袋只裝名片户頭的年代
在媒體與廣告速銷傾銷一起來的年代
在拉圾山靈山南山都是山的年代
人　究竟在哪裡

在紅綠燈故障都衝入黃燈的年代
在路問方向　方向問路的年代
在椅子都懸吊在空中的年代
在地球已坐上太空椅不知何處去的年代
人　究竟在哪裡

人　究竟在哪裡
走不出時鐘長短針的雙腳
便坐在自己裡
抱住詩與藝術沈思默想
　想到什麼也想不出來
那也是一種存在思想

讓「美」v.s.「死亡」

生命神秘的來
美妙的去
一回首　記憶已打開成金庫
無論是痛苦歡樂
都金碧輝煌
都馨香成酒
過去總是沈迷在「美」中醉醒來
張目時　未來已被音樂畫面與造型
美入遠景
給無限看
看青鳥飛著春天來
海浪擊亮著夏日去

豐盈紅透了整個秋日
一隻企鵝白遍了入冬的雪景
世界便交響成生命的四重奏
　　　　給永恆聽

此刻　誰會在樓頂跳樓
　　　不去看山頂的日出
　　誰會在海邊跳海
　　不去看海明威的「老人與海」

附註：目前社會由於價值觀出問題，自殺事件頻繁，而我仍覺得藝術高度的「美」，可將痛苦與悲劇轉化與昇華成心靈甜美的酒，且具v.s.「死亡」的力量。

春天·升起人與世界

太陽一拳擊碎雪峰
　放出冰凍的河流
大自然用花之手
　推開藍天碧野
　揮灑出滿地的繽紛燦爛
春便穿上彩色的迷你裙
　一路歡歌載舞
世界美來新的開始
　新的華麗
青春　讓綠色去說
歡樂　叫泉聲去唱
自由　由鳥去飛
輕快的是步伐與節奏

生命　還會有什麼放不下心來
隨緣的回到自然那裡去
順著時序的推移輪迴
不安的焦急留在去年的炎夏
悲涼的愁苦留在去年的深秋
沈鬱的壓力留在去年的嚴冬
現在是風和日麗的四月
春天站在那裡看
該升起的不只是風箏
火箭
而是人與世界

人類有這樣絕世的婚禮？

——詩人藝術家與蒙娜麗莎的婚禮

蒙娜麗莎
她是繽紛燦爛的春
　激情狂熱的夏
　金碧輝煌的秋
　純淨潔白的冬
在大自然　留下完美的容貌
在宇宙　　留下永恆的形象

穿越美女們馨香的髮林
飄遊過美女們光潤的乳峰
在愛琴海之外的愛琴海
她是你不變的航向

　　最終的港灣
以較天地線還要長遠的想像
你將日月拉過來為她打造指環
　用所有之外的所有
　為她把所有的「美」運來
沿著音樂家的聽道
　　畫家的視道
　　詩人的心道
你揮灑出九大藝術之光
鋪成亮麗的紅氈
亮開所有的燈光目光
看你們在眾神之外的美神面前
宣誓愛在所有的愛之外的愛
四目相望　兩心相連
你右手緊握她的完美
　左手緊握她的永恆
相吻時　吻開天地的門

洞房竟是整個神奇美妙的時空
拿著造物頒賜的通行證與信用卡
你們便天長地久
　度不完的蜜月去

後記：

人類有太多的存在空間，都自由的開放在那裡，有時落實在形而下的現實層面，有時升越到形上的「美」的實境。

當下婚姻面臨空前嚴重的危機，詩中虛擬的這種純美的婚情，該如何來看待？那是個人包容度與覺知的問題……；再就是詩中特別提到的「九大藝術之光」，那便是將大家都知道的八大藝術當做「燃媒」放在「美」的內心焚化爐中，燃燒焚化成最後只由生命來全面感知與覺識的那種無形且無所不在的近乎宗教信仰的藝術精神思想世界——這世界，便是由「美」的「第九藝術」來完成；因此便也使我過去指認「詩」與「藝術」是在科學、哲學、政治、宗教等學問之外，爲人類創造一門「美」的生命學問，有言談的某些適當性。

城內的夏天

火是它的名字
燃燒是它的行蹤
燒到天天塞車的街口
便同積壓在情緒中不耐煩的氣體
一起悶燒
燒到股票市場看板
紅色數字　成慾望的火海
綠色數字　亮來死滅的悽光
燒到青少年飆車飆舞的腳下
火勢更猛
更強更大

燒到銀圓急轉彎的圓環
火的速度　急如衝刺的凶刀
　　　　　亂射的槍彈

燒到床邊
火在尖叫　父親的獸性暴行
　　　　　竟狠狠踩入小女兒的乳房

燒到絕望的樓頂
他與她一同跳成落日
　　　淌著夕陽的血

燒進多情多夢的仲夏夜
音樂與香檳
愛與歡望
仍照樣為明天
安排美麗的日出

詩的頌歌
——台北國際詩歌節有感

你是海外之海
　天外之天
除了廣闊深遠
都開放給自由
站在天地線上
你是始也是終
世界大而無外
　小而無內

「天空與鳥」由布朗庫斯看怎麼飛
海由海明威去動
聲音由貝多芬去聽

造型由蒙特里安去造
你只管看住完美與永恆

你是神之目
你是上帝與愛因斯坦手中的探照燈
　　亮往聖地與奇蹟的路上
你是從日光月光星光燈光與目光
　　所有的光中
　　升起的光中之光
照入台北二〇〇一年的九月
將凡是封閉陰暗的人體物體
　　都亮開成透明的建築
　　美在無限的展望
　　與遠景中

人與大自然淚眼相望

——桃芝颱風過台，雨水淚水一起流

大自然
在你春日的和風
夏日的涼風
吹開的雨扇綠窗裡
綠野一直綠給藍天碧海看
田園在陽光裡笑
是誰惹怒你發瘋
將所有的風都瘋來
狂風暴雨
所有的風景都瘋成
黑色的死亡
CALL IN不停指罵

偷吃你禁果的貪官污民
　　那都太遲了

你有反撲發飆的理由
但有沒有想過
仁慈的造物將你與我們造在
　　同一個生命結構裡
你發怒將太陽星月擊瞎
　瞎的是我們昏天黑地的眼睛
　　　也是你的
你震怒決堤的河流洪水
　是我們破裂血流不停的血管
　　　也是你的
你暴怒爆開的滿天飛石
　是我們碎裂滿地的骨塊
　　　也是你的
你發瘋拔掉滿山遍野的樹根

是我們的筋骨與斷腸
也是你的
你發狠沖斷行走的路與橋
是我們的斷腳
也是你的
你土石流排山倒海的黑色泥漿
是我們被絞給死亡吞吃的肉醬
也是你的
你呼嘯來呼嘯去的豪雨
是我們呼天喊地的嚎哭
也是你的
你活活把整個村埋下去
我們在惡夢中哭醒的地球村
滿目蒼涼
也是你的
除了死是傷

除了痛是苦
除了哭是淚
除了淚眼問蒼天
　是宿命與哀求
一切都太遲了
都怪我們忘了大地是我們的母親
大自然也忘了讀造物的「天人合一」

附語：人類面對災難與死亡的絕境，最要緊的是活下去，此刻拒領諾貝爾獎的大作家沙特喊出「除了生存無他！」這句話，便是第一時間到達上帝與造物主的耳中。

神與上帝都不忍心看的悲劇

——911恐怖事件・廿一世紀人類的大災難

造物　你從花的心
　打開春天美麗的出口
　為何又讓人用刀在人的心上
　　　去開門開窗
　　來看流在血淚中的死亡

當恐怖者用恐怖的肉彈
　爆炸在上帝都驚逃的恐怖裡
舉世無雙的商業大樓
　倒塌在瓦礫殘骸中
　　成為廢墟墳地
天空的雙翼斷了

　　如何飛起海上的自由神像
紐約的雙腳斷了
　　如何走回金碧輝煌的華爾街
世界昏倒在那裡　不能動
天堂在毀滅性的殘暴中
　　　　　垮下來
除了死是亡
驚慌連住恐慌
能看的　是淚眼
能聽的　是哭聲

造物　你本要人活在圓滿中
　　也畫下天空圓圓滿滿的樣子
　　為何又讓最能畫圓滿的兩腳規
　　　　就這樣斷掉
畫不成圓滿的天空
日月星星便迫著流落成

槍彈炮彈與炸彈
帶著人與土地在死亡的悽光中逃亡
造物　是誰在編排這幕悲劇
在布希安全的背後
放著賓拉登重重的陰影與暗箭
在布希槍口的前面
除了逃犯賓拉登
還有穿吐乳裝的嬰兒
除了黑色的彈藥
還有白色的奶粉
除了血淚
還有仁慈
造物　是誰將兩端都尖利的刀
對頂入人與人的胸口
成為血淋淋的肉串

　成為死亡垂帶的項鍊
連神與上帝都説不上來
直至所有的嘴與槍口
説來説去　説的不停之後
　也只能跟著沙特説
　存在的宿舍與無奈

附註：透過人類高度的智慧與深入的良知，戰爭確是構成人類生存困境中，較重大的一個困境，因爲它處在「血」與「偉大·正義」的對視中，它的副產品是殘酷恐怖的死亡。

幽默中的嚴肅人生

——2002年詩的後現代之旅

詩走在街上
　抬頭望明月
　低頭便發生車禍
詩走進公車
　公佈入流行的廣告欄
　　同強胃散一起比強
　　與威而剛一道較威
詩衝進捷運車
時間在追找空間
空間擠壓得喘不過氣來
眼窗都開給車窗外的風景
若關上　便睡著整個都市的疲累

祢排在被看的時間與空間之外
冷凍在靠車頂的鐵板上
炒熱不起來
詩走回公寓的陽台
是誰在採菊鐵欄干下
悠然見「金山」
詩跑上電視機網路
一路是從褲擋下
掛過來的八卦
看不見長跑在
永恒之路上的詩八行
詩只好坐上想像之鳥飛去
飛出眼睛之外
越過煙囱炮管
留下藍空碧野
讓玉山站在雪光中
寫它白玉的古典詩

「京華」坐在燈光裡
　寫它華麗的浪漫詩
都市與大自然都看在詩裡
古典　靜在美中
浪漫　美在動裡
世界無論是動是靜
　都美在詩中

附註：孔子認爲「詩是天地之心」，大家也在物慾性慾大行其道、人性敗壞、世風日下的目前社會，鼓勵具美化作用的詩，上街頭、上公車、捷運車，但因它同都市人的眼睛缺緣，失去關注，便得了較重的冷感症。詩如果好不起來，人與世界的臉色與氣質也不會好到那裡去。當代思想家史特朗卡仍堅稱：「詩」是人類新人文生活空間的重要昇力。

二〇〇一年寒冬

羅門研究檔案

I 羅門簡歷

一九二八年生，海南省文昌縣人。

空軍飛行官校肄業，美國民航中心畢業，考試院舉辦民航高級技術員考試及格，曾任民航局高級技術員，民航業務發展研究員。

◉曾被名評論家在文章中指稱爲「重量級詩人」、「大師級詩人」、「現代詩的守護神」、「戰爭詩的巨擘」、「都市詩的宗師」、「都市詩的宗主」、「都市詩之父」以及「知性派的思想型詩人」與「眞正的詩人」……。半世紀來，詩與藝術佔據了他整個生命，他不但建立自己獨特的創作風格；也在中國新詩發展史上提倡個人特殊創作的藝術美學理念：「第三自然螺旋型架構創作世界」。

◉從事創作近半世紀，曾任藍星詩社社長、ＵＰＬＩ國際詩會榮譽會員、中國文協詩創作班主任、國家文藝獎評審委員、世界華文詩人協會會長、中國青年寫作協會值年常務監事、曾先後赴菲律賓、香港、泰國、馬來西亞、大陸與美國等地（或大學或文藝團體）發表有關詩的專題講演。

◉一九五八年獲藍星詩獎與中國詩聯會詩獎等兩項詩獎。

◉一九六六年同蓉子獲UPLI國際詩組織「傑出文學伉儷獎」由菲駐華大使劉德樂（R·LUTERIO）在台北菲駐華大使館頒菲總統金牌。

◉一九六七年「麥堅利堡」詩被UPLI國際詩組織譽爲世界偉大之作，頒發菲總統金牌。

◉一九六九年同蓉子選派參加中國四人代表團，出席菲舉行第一屆世界詩人大會，仝獲大會「傑出文學伉儷獎」，頒發菲總統大綬勳章。

◉一九六七年在美國奧克立荷馬州民航中心研習，獲州長頒發「榮譽公民狀」。

◉一九七六年同蓉子應邀以貴賓參加美舉行的第三屆世界詩人大會，仝獲大會特別獎與接受加冕。

◉一九七八年獲文復會「鼓吹中興」文化榮譽獎。

◉一九八七年獲教育部「詩教獎」。

◉一九八八年獲中國時報推薦詩獎。

◉一九九一年獲中山文藝獎。

◉一九九二年同蓉子仝獲愛荷華大學國際作家工作室（IWP）榮譽研究員證書。

◉一九九五年獲美國傳記學術中心頒發二十世紀世界五〇〇位具有影響力的領導人證書。

◉一九九七年三度赴美，先後參加華盛頓時報基金會與國際文化基金會在華頓DC舉行的「廿一世紀亞洲國際文學會議」、「廿一世紀西方國際文學會議」、「廿一世紀世界和平文學會議」等三個國際文學會議。並分別晤見沃克特(WALCOOT)與索恩克(SOYINKA)兩位諾貝爾獎獲主。

◉名列英文版「中華民國年鑑名人錄」、「世界名人錄」、「世界名詩人辭典」及中文版「大美百科全書」。

◉出版有詩集十六種，論文集七種、羅門創作大系書十種，羅門、蓉子系列書八種。並在臺灣與大陸北京大學兩地分別舉辦羅門蓉子系列書研討會。

◉作品選入英、法、德、瑞典、南斯拉夫、羅馬尼亞、日、韓……等外文詩選與中文版「中國當代十大詩人選集」……等一百餘種詩選集。

◉作品接受國內外著名學人、評論家及詩人評介文章超過一百萬字，已出版十二本（包括合論羅門蓉子）評論羅門作品的專書。

◉評論羅門作品，國立臺灣大學教授名批評家蔡源煌博士獲「金筆獎」。國立臺灣師範大學教授戴維揚博士獲一九九五年國科會學術研究獎金。

◉研究羅門詩世界，詩人陳大爲與張艾弓兩位研究生分別獲得碩士學位。

◉羅門作品碑刻入臺北新生公園（一九八二年）、臺北動物園（一九八八年）、彰化市區廣場（一九九二年）、及彰化火車站廣場（一九九六年）。

◉羅門除寫詩，尚寫詩論與藝評，有「臺灣阿波里奈爾」之稱。

Ⅱ　羅門創作鑑賞會・研討會與展示會

◉羅門著作《羅門詩選》與《整個世界停止呼吸在起跑線上》兩書曾於一九八八年與一九八九年分別列入中國青年寫作協會策劃之第一屆與第二屆文學鑑賞研習營當做研習與討論課程。

◉一九九三年八月六日到十一日海南省海南大學舉辦「羅門蓉子文學世界」學術研討會，請有來自美國、臺灣、港澳、星馬與大陸各地等學者詩人作家五十餘人；提出研究羅門蓉子創作世界論文近三十篇，後由文史哲出版社出版論文集，是一次具規模與有成果的海外個別作家學術研討會。

◉一九九四年七月四川大學中文系、四川省作協、四川文藝出版社、四川企業文化促進會……等在成都市合辦的「羅門詩選百首賞析」出書發表會，到有學者教授名詩人作家數十人；羅門蓉子並在會上與在四川大學中文系發表講演。

◉一九九五年五月間文史哲出版社耗資百萬出版羅門蓉子文學創作系列書十二冊，紀念兩人結婚四十週年；同時並由青協舉辦（文建會、文復會贊助）兩人系列書出版發表會，分別由林水福與余光中二位教授主持，有海內外知名學者與詩人近數十人與會。

◉一九九五年北京中國社會科學出版社首次破例出版羅門蓉子文學系列書八冊，並在十二月間由北京大學文學研究所、清華大學中文系、海南大學、中國藝術研究院文化研究所、中國社會科學出版社、《詩探索》編輯部與海南日報等七個單位共同協辦，在北京大學首次召開的個別作家羅門蓉子系列書出版發表討論會，由謝冕教授主持，有名學者、詩人作家等數十人出席，會後羅門與蓉子接著在該校公開演講與接受專訪。並由大陸長江文藝出版社出討論會論文集《燕園詩旅》。

◉羅門的「死亡之塔」長詩於一九七〇年被當時最具前衛觀念的圖圖畫會做為展出主題，以「詩」、「繪畫」、「雕塑」、「電影」（幻燈）」、「音樂」、「現代舞」、「劇」等多元媒體共同展出，是當時臺灣首次具革命性的綜合藝術表現。

◉羅門被UPLI國際詩人組織譽爲近代偉大之作獲菲總統金牌的「麥堅利堡」一詩，於一九九〇年八月間，由寶象文化公司公共電視拍攝小組專程飛往菲律賓馬尼拉「麥堅利堡」現場，製作羅門「麥堅利堡」詩電視專輯；羅門並在現場朗誦該詩，後在公共電視節目中播出。

◉一九八一年與蓉子參加由名雕塑家楊英風、光電科學家胡錦標博士、張榮森博士等舉辦的第一屆國際雷射藝術景觀展，以羅門的「觀海」與蓉子的「一朵青蓮」等詩，配合音樂與雷射多元媒體聯合演出，也是國內藝術與科學結合的首屆科藝演出。

◉一九九九年十二月廿五日，大道(MUSEUM OF DADAO)藝術館開館展，首次展出羅門蓉子「燈屋」生活藝術造型空間的影像與兩人半世紀創作的全部著作及成果；後贈由該館收藏。

◉在邁進千禧年，也是庚寅年元宵節前後（國曆二月十一至三月四日），由國立文學館與文化資產保存研究中心特別策劃，爲詩人伉儷羅門、蓉子舉辦了一次詩與燈屋特展，命名爲「詩光、藝術、燈光三重奏」。爲一場創作成果結合生活環境（燈屋）的大型綜合展覽，展出羅門、蓉子兩　近半世紀所創作的詩集、詩選、詩論集以及批評家學者們對他們作品的評論集；重要的藝文資料、書信與手稿等近千種，展後部份重要著作與藝文資料由該館典藏。

Ⅱ　羅門著作

◉詩集

1. 曙光（藍星詩社，一九五八年五月）
2. 第九日的底流（藍星詩社，一九六三年五月）
3. 死亡之塔（藍星詩社，一九六九年六月）
4. 日月集（英文版，與蓉子合著／美亞出版社，一九六九年六月）
5. 羅門自選集（黎明文化公司，一九八一年）
6. 曠野（時報文化出版公司，一九八四年）
7. 羅門詩選（洪範書店，一九八四年）
8. 隱形的椅子（抽頁裝訂本，一九七六年）

9.日月的行蹤（抽頁裝訂本，一九八四年）
10.整個世界停止呼吸在起線上（光復書局，一九八八年四月）
11.有一條永遠的路（尚書文化出版社，一九九〇年）
12.太陽與月亮（大陸花城出版社，一九九二年）
13.羅門詩選（大陸友誼出版社，一九九三年七月）
14.誰能買下這條天地線（文史哲出版社，一九九三年十二月）
15.在詩中飛行（羅門半世紀詩選）（文史哲出版社，一九九九年十二月）
16.羅門精品（人民文學出版社，二〇〇一年）
17.全人類都在流浪（文史哲出版社，二〇〇二年一月）

◉論文集

1.現代人的悲劇精神與現代詩人（藍星詩社，一九六四年）
2.心靈訪問記（純文學出版社，一九六九年十一月）
3.長期受著審判的人（環宇出版社，一九七四年二月）
4.時空的回聲（德華出版社，一九八二年一月）
5.詩眼看世界（師大書苑出版社，一九八九年）
6.長期受著審判的人（增訂本，環宇出版社，一九九九年再版）

7. 存在終極價值的追索（文史哲出版社，二〇〇〇年一月一日）

8. 創作心靈的探索與透視（文史哲出版社二〇〇二年五月）

◉散文

羅門散文精選（文史哲出版社，一九九三年十二月）

◉「羅門創作大系」十卷（文史哲出版社出版，一九九五年）

〈卷一〉戰爭詩

〈卷二〉都市詩

〈卷三〉自然詩

〈卷四〉自我・時空・死亡詩

〈卷五〉素描與抒情詩

〈卷六〉題外詩

〈卷七〉「麥利堅堡」詩特輯

〈卷八〉羅門論文集

〈卷九〉論視覺藝術

〈卷十〉燈屋・生活影像

◎「羅門·蓉子文學創作系列」八冊（中國社會科學出版社，一九九五年）

1. 羅門短詩選
2. 羅門長詩選
3. 羅門論文集
4. 羅門論
5. 蓉子詩選
6. 蓉子散文選
7. 蓉子論
8. 日月的雙軌——論羅門蓉子（周偉民·唐玲玲教授合著）

◎「羅門蓉子論」書目十七種

1. 日月的雙軌——羅門蓉子合論（周偉民·唐玲玲教授合著，文史哲出版社，一九九一年）
2. 羅門論（詩人評論家林燿德著，師大書苑出版，一九九一年）
3. 羅門天下（蔡源煌、張漢良、鄭明娳教授、林燿德等著，文史哲出版社，一九九一年）
4. 羅門蓉子文學世界學術研討會論文集（文史哲出版社，一九九四年）

5.羅門詩一百首賞析（朱徽教授著，文史哲出版社，一九九四年）
6.羅門詩鑑賞（作家王彤主編，香港文化出版社出版，一九九五年）
7.永遠的青鳥——蓉子詩作評論集（評論家蕭蕭主編，文史哲出版社，一九九五年）
8.蓉子論（余光中、鍾玲、鄭明娳、張健、林綠等教授著，中國社會科學出版社出版，一九五五年）
9.羅門論（蔡源煌教授等編著，中國社會科學出版社出版，一九九五年）
10.從詩中走過來——論羅門．蓉子（謝冕教授等著，文史哲出版社，一九九七年）
11.從詩想走過來——論羅門．蓉子（張肇祺教授著，文史哲出版社，一九九七年）
12.存在的斷層掃瞄——羅門都市詩論（陳大爲碩士著，文史哲出版社，一九九八年）
13.蓉子詩賞析（古遠清教授著，文史哲出版社，一九九八年）
14.青鳥的蹤跡——蓉子詩歌精選賞析（朱徽教授著，爾雅出版社，一九九八年）
15.羅門論（張艾弓碩士論文，文史哲出版社，一九九八年）
16.心靈世界的回響——羅門詩作評論集（龍彼德、張健教授等著，文史哲出版社，二〇〇〇年十月）
17.燕園詩旅——羅門蓉子詩歌藝術論（長江文藝出版社，二〇〇〇年四月）

⊙作品選入外文選集

英文版

1. 中國新詩選集 New Chinese Poetry（余光中教授編譯，一九六〇年）
2. 中國現代詩選集 Modern Chinese Poetry（葉維廉博士編譯，一九七〇年）
3. 臺灣現代詩選集 Modern Verse from Taiwan（榮之穎編譯，一九七一年）
4. 當代中國文學選集 An Anthology of Contemporary Chinese Poetry（國立編譯館編譯，一九七五年）
5. 亞洲新聲 Voices of Modern Asia（美國圖書公司出版，一九七一年）
6. 世界詩選 World Anthology（美國 Delora Memorial Fund 基金會出版，一九八〇年）
7. 當代中國詩人評論集 Essays on Comtemporary Chinese Poetry（林明暉博士 Dr. Julia C. Lin 著，一九八五年）
8. 臺灣現代詩選 Modern Chinese Poetry from Taiwan（張錯博士編譯，一九八七年）
9. 一九九〇世界詩選(World Poetry 1990) Editor. Dr. Krishna Srinivas India.
10. 中國現代詩選 Anthology of Modern Chinese Poetry.（奚密博士編譯，一九九二年）
11. 台灣現代詩選 AN ANTHOLOGY OF MODERN CHINES POETRY（馬悅然、奚密、向陽編譯，哥林比亞大學出版，二〇〇〇年）

法文版

1. 中國當代新詩選集 La Ktesie Chinoise（胡品清教授編譯，一九六三年）

德文版

1. 台灣詩選 MODERNE TAIWANESISCHE LYRIK（廖天祺教授 RUHR UNIVERSITAT 出版，二〇〇〇年）

瑞典文詩選

1. 臺灣九位詩人詩選集（NIO ROSTER FRAN TAIWAN馬悅然教授編著，一九九九年）

南斯拉夫版

1. 南斯拉夫詩選(Anotologija Savemene Kineske) Filip Visnjic Beograd（一九九四年）

羅馬尼亞版

1. Antol Gie De Pooezie Chineza Contemporana（一九九六年）

日文版

1. 華麗島詩選集（日本若樹書房編選，一九七一年）
2. 臺灣詩選（世界現代詩文庫土曜美術社出版，一九八六年）

韓文版

1. 廿世紀世界詩選（韓籍李昌培博士編譯，一九七二年）
2. 世界文學選集——中國詩部分（韓籍許世旭博士編譯，一九七二年）
3. 中國現代文學史（韓籍尹永春博士編譯，一九七四年）
4. 中國現代代表詩人五人選（湖西文學特輯，韓國湖西文會編選，一九八七年）

羅門從詩中走來獲得的『最』

台灣現代詩人第一首處女作，『最』先用紅字在詩刊上發表的，是羅門在紀弦先生主編的《現代詩》所發表的〈加力布露斯〉。

①古・今・中・外，夫婦同是詩人又是寫詩**最**久的，應是寫詩將近半個世紀的羅門與蓉子；曾於一九七四年接受印度世界詩學會(WORLD POETRY SOCIETY)頒贈「東亞傑出的中國勃朗寧夫婦(AS OUTSTANDING BROWNING CHINESE COUPLE OF EAST ASIA)的榮譽獎狀；而他倆較勃朗寧夫婦寫詩的年月還久。

②**最**早獲得國際詩獎的台灣現代詩人，是羅門蓉子一九六六年獲菲UPLI國際詩組織的「傑出文學伉儷獎」(DISTINGUISHED LITERATRY COUPLE OF CHINA)，由菲駐華大使劉德樂(R LEUTERIO)在台北菲大使館頒發菲總統金牌。

③**最**早出席國際詩人會議的台灣現代詩人，是羅門蓉子於一九七〇年應大會主席特函邀請、經中國新詩聯誼會理監事通過爲四人正式代表，出席在菲律賓召開的第一屆世界詩人大會；並仝獲大會頒贈的菲總統大綬獎章。

④以菲律賓馬尼拉著名的美國軍人公墓「麥堅利堡」爲寫詩題材的十二位海內外知名詩人中，

羅門寫的「麥堅利堡」，除被UPLI國際詩人組織一九六七年譽爲世界的偉大之作，頒發菲總統金牌與被寶象文化公司拍製成公共電視播出，也是十二位詩人中被評介的文章與獲得佳評**最**多者。

⑤**最**早將現代詩發表與碑刻在台灣土地上的詩人，是羅門一九八二年以〈花之手〉「推開天空與大地」一詩，配合名雕塑家何恆雄教授的雕塑、共同樹立在台北市新生公園。

⑥台灣**最**早舉辦藝術與科學結合的首屆科藝展，是羅門蓉子一九八一年參加名雕塑家楊英風、光電科學家胡錦標與張榮森博士等人在圓山大飯店舉辦的「第一屆國際雷射藝術景觀展」；其中有羅門的〈觀海〉與蓉子的〈一朵青蓮〉等詩配合音樂、圖象與雷射光多元媒體綜合演出；羅門並爲此次活動，在中國時報（九月十四日）藝術版以〈中國雷射藝術啓航了〉寫有關的論談文章。

⑦羅門近三百行的長詩〈死亡之塔〉，於一九七〇年被當時具前衛觀念(AVANGARDISM)的圖圖畫會當做展出主題思想，在台北市「精工社」藝廊，以「詩」、「繪畫」、「雕塑」造型、「電影」（幻燈）」、「音樂」、「現代舞」、「劇」等七種多元媒體共同展出；是當時台灣**最**早結合詩與媒體**最**多的一次**最**具革命性的綜合藝術表現；同時極具特色的，是在這件展出的大作品中，所有參展的作者都破例的沒有寫上名字。

⑧一九八八年兩岸解嚴，**最**先往大陸多所著名大學進行詩與藝術巡迴演講的台灣詩人，是羅門與林燿德，在近一個月中，分別赴北京大學、復旦大學、上海戲劇學院、華東師範大學、

中山大學、暨南大學、廈門大學、海南大學以及同當地的文聯、作協與社會科學院等藝文團體進行文藝座談。

⑨北京大學**最**先舉辦台灣個別作家文學創作研討會，是一九九五年爲配合北京社會科學出版社出版《羅門蓉子創作系列》八本書，協同清華大學、海南大學、中國藝術研究院中國文化研究所、中國社會科學出版社、《詩探索》與海南日報等七個學術文化團體所共同在北京大學舉行的「羅門蓉子文學創作系列」研討會。會後，羅門蓉子並在北大演講、接受訪問，同時由大陸長江文藝出版社出版研討會論文集《燕園之旅》。

⑩海內外華人詩人作家，被評介出版的專書，**最**多的，是羅門；已出版十二種（包括五種合論羅門蓉子）。

⑪台灣詩壇一年內出書**最**多的詩人，是羅門蓉子。那是一九九五年，紀念他們結婚四十週年，由文史哲出版社耗資百萬出版「羅門蓉子文學創作系列書十二册」、北京社會科學出版社出版「羅門蓉子文學系列書」八册，共二十册並分別在台北與北京大學開出書研討會。

⑫**最**早在台灣出現的後現代裝置藝術(INSTALLATION ART)，是羅門與蓉子在許多年前，以一己「第三自然螺旋型架構」藝術理念所創造的詩化藝文生活造型空間——「燈屋」，較西方裝置藝術流入台灣早三十年，大道藝術館(MUSEUM OF DADAO)館長張永村於開館展，展出「燈屋」造型空間圖象時，在說明文字中，特別指出「『燈屋』是台灣裝置藝術的始祖。」

⑬在台灣現代詩與現代視覺藝術幾十年來共同努力之路上，一直保持彼此互動與關注時間**最**長又仍一直在寫詩的詩人是羅門。台灣現代藝術導師李仲生在生前與名畫家陳正雄，都曾公開說羅門是台灣的阿波里奈爾；眼睛蛇畫派(COBRA)名評論家也是法國著名詩人龍貝特(LAMBERT)兩度來台，都曾到「燈屋」，有一回他相當有趣但至爲友好與有感的說：他是法國的羅門，羅門是台灣的龍貝特。他說的話，那是基於彼此都專誠的將整個生命投給詩與藝術。

⑭自一九七九年到二〇〇一年的二十三年間，經過四個時期、由海內外不同評選者所選出的「台灣十大詩人」，羅門四次都入選，是入選**最**多次的五位詩人中的一位。

⑮台灣現代詩人中，**最**專業的詩人，是羅門；他辭掉航空好的工作，離任期還有十六年，便申請提前退休，全是爲了更自由更純粹與專注的去過詩人與藝術的生活。從詩人評論家蕭蕭一九八一年六月廿四日在台灣日報爲詩人節特輯寫的〈詩人與詩風〉一文，論及羅門說的那段話可見。蕭蕭說：「在臺灣，眞正的詩人恐怕只有一個，那就是羅門。爲什麼說羅門才是眞正的詩人呢？有三個原因：第一，近數年來，羅門退休後，除了寫詩與詩評，不事任何行業，生活優遊，其他詩人都是業餘寫作。第二，羅門心中只信仰詩，與詩有關的活動，他才樂於討論，參與。第三，羅門眞能從詩中得到快樂，他不牽掛任何事，全心投入詩的享受中，那樣著迷，無人可及。」

⑯從一九七〇到二〇〇〇年，三十年來，「在台灣」爲現代詩與藝術四處演講『**最**』多的詩

人，羅門是其中之一，包括全省的大專院校、島內島外的巡迴演講與各類型的文藝營以及美術館畫廊與地方文化社團如文化中心、獅子會、扶輪社、同濟會乃至較小的場所如「小木屋」、茶藝館、小型讀書會……等都是羅門爲詩與藝術四處演講的範圍。故常有些人戲稱羅門爲「羅蓋」、「心靈大學校長」、「教主」……

⑰兩岸詩壇，『**最**』早（也是唯一）具有個人獨創性詩創作美學理念的現代詩人，是羅門在七十年代所創造的「第三自然螺旋型架構世界」理念。

⑱在台灣現代詩人中，獲得批評家不同雅稱**最**多的詩人，是羅門。他曾在不同的評介文章中，被稱爲「重量級詩人」、「現代詩的守護神」、「戰爭詩的巨擘」、「都市詩之父」、「都市詩的宗師」、「知性派的思想型詩人」、「大師級詩人」、「眞正的詩人」、「詩人中的詩人」以及「台灣後現代裝置藝術的始祖」、「超度空間的守護神」。

國家圖書館出版品預行編目資料

全人類都在流浪 / 羅門著. -- 初版. --臺北市 :
文史哲, 民 91
面 : 公分 - （文學叢刊 ; 137）
ISBN 957-549-442-3 (平裝)

851.486　　91009356

文學叢刊 (137)

全人類都在流浪

著　者：羅　門
出版者：文史哲出版社
http://www.lapen.com.tw
登記證字號：行政院新聞局版臺業字五三三七號
發行人：彭正雄
發行所：文史哲出版社
印刷者：文史哲出版社
臺北市羅斯福路一段七十二巷四號
郵政劃撥帳號：一六一八〇一七五
電話 886-2-23511028・傳真 886-2-23965656
實價新臺幣二二〇元
中華民國九十一(2002)年四月十四日初版

ISBN 957-549-442-3